AF383757

DE L'EXORCISME;

AV ROY TRES-CHRESTIEN LOVIS LE IVSTE.

M. DC. XIX.

DE
L'EXORCISME,

AV ROY TRES-CHRESTIEN
LOVIS LE IVSTE.

IRE,

Ie m'eſtimerois & me iugerois moy-meſme le plus ingrat homme du monde enuers Dieu, ſi ie manquois de recongnoiſtre publiquement les graces que i'ay receu de ſa Diuine Majeſté par la voye de l'Exorciſme, qui eſt le ſeul remede eſtably dans l'Egliſe Catholique, Apoſtolique & Romaine, contre les charmes & malefices de la

magie, qui font maintenant auſſi frequents parmy les Chreſtiens, comme
ils ont eſté de tout temps parmy les
Barbares & Infidels.

Car ie me perſuade qu'il n'y a rien de
plus agreable à Dieu que la recognoiſſance publique, que les hommes font,
d'auoir receu des graces & des faueurs
de ſa grandeur; c'eſt le moyen de l'in-
duire & le prouoquer à cõtinuer, & en
faire dauantage.

Ceſte recognoiſſance publique ſert
auſſi grandement au prochain, parce
qu'il eſt conuié par là de faire le ſembla-
ble, & de ſe feruir des meſmes remedes, quand il eſt attaint du meſme mal.

Chacun ſçait, & ie ne le ſçaurois ca-
cher quand ie le voudrois, que le dernier iour d'Auril de l'an 1611. le meſme
iour & à la meſme heure que le Prince
de magie, Meſſire Louïs Gaufredy,
Curé de Marſeille, fut exterminé par
la force de l'Exorciſme, & bruſlé par

authorité de la Iuftice, dans la ville
d'Aix en Prouence, ie fus attaqué par
vne fiéure la plus chaude & la plus furieufe que l'on fçauroit imaginer, qui
me tranfporta au delà des actions ordinaires, & iufques aux extraordinaires :
entre lefquelles celle-là ne fut pas la
moindre que d'aller parmy les ruës de
Paris, voire dans la grande Eglife de
noftre Dame, criant à haute voix, que
le monde s'amendaft, & qu'il finiroit
dans quarante ans, le vingt & vniefme
iour de Mars de l'an 1651. s'il ne fai-
foit penitéce, cóme firent les Niniuites:
que l'Antechrift eftoit né, quelques
mois auparauant, & qu'il fe manife-
fteroit en l'an 1618. auffi toft qu'il au-
roit attaint l'aage de fept ans, & beaucoup d'autres chofes à la fuitte, qu'il
n'eft pas befoin de mettre en lumiere.

Mais peu de gens fçauent que cefte
furieufe maladie procedoit des effects

de la magie, qui m'euſt fait indubita-
blement perir, ſi le S. Eſprit (condu-
cteur de l'Egliſe)ne ſe fut rendu mon
protecteur par la voye de l'Exorciſme,
à laquelle il m'inſpira d'auoir recours,
au lieu de prendre les remedes que la
magie fournit ordinairement à ceux
qui meſpriſent l'Exorciſme.

Au contraire, pluſieurs croyent qu'il
n'y a rien eu par deſſus les effects de la
nature, & que le grand nombre des
affaires qui m'occupoient lors, & les
grands deſplaiſirs que mõ eſprit auoit
ſouffert de ce qu'ils n'eſtoiét pas reüſſis
à mon aduantage, l'auroient ietté dans
ceſte furieuſe maladie. Voyla pourquoy, SIRE, i'ay creu qu'il ne ſeroit pas
mal à propos d'en faire ſçauoir la verité
à voſtre Majeſté, & la mettre à iour.

Il eſt vray que le trop grand nombre
de grandes affaires m'auoit donné de
grandes trauerſes, & que cela ſeul euſt

suffit pour accabler mon esprit, quand
il eust esté le plus fort esprit du móde,
si le S. Esprit eust negligé de me conseruer : mais pour comble d'afflictions
la magie s'est efforcee de tout son pouuoir de me terrasser, & n'y a rien obmis
de ses artifices, d'autant plus puissans
pour me perdre, que la nature estoit
d'ailleurs grandement affoiblie par le
trop grand trauail & par les trop gráds
desplaisirs que i'auois soufferts : & c'est
l'ordinaire du diable de se ietter à corps
perdu sur les affligez pour les mettre en
desespoir.

Incontinent apres le deceds du feu
Roy Henry le Grand vostre pere, que
Dieu absolve, ie me rangeay pres de
ce grand sorcier Conchino Conchi-
ny, grand Mareschal des logis de l'Antechrist, ne sçachant pas que la magie fut son principal exercice, ny la sorcellerie son principal mestier ; croyant

que par ſa faueur, & par ſon aſſiſtance,
ie reſtablirois la fortune que i'auois
perdu par le deceds de ce grand Prince, & ſortirois des affaires qui m'auoiét
dóné tant de deſplaiſirs: Ceux qui l'ap-
prochoient lors ſçauent auſſi bien que
moy, que ie fus le premier employé
pour l'eſtabliſſement de ſa grandeur &
de ſa fortune: par mes aduis, par mes
conſeils, & par ma conduite, il fut fait
Marquis d'Ancre, Lieutenant general
pour le Roy en Picardie, & Gouuer-
neur de Peronne, Mondidier, & Royé.

Mais tout auſſi toſt ce miſerable ſor-
cier, ſans attendre l'euenement & la fin
de pluſieurs autres grands affaires où
il m'auoit employé, & qui s'en alloient
eſclorre à ſon aduantage, me fit preſent d'vn plat de ſon meſtier pour ma
recompence, il taſta le poulce à mon
cœur & à mon ame, & pour me rendre
compagnon de ſa miſere future (cóme

eſt celuy qui print ma place aupres de
luy apres mon deſaſtre,)me voulut rendre compagnon de ſa fortune,il s'offrit
de rendre ma códition eſgalle à la ſiéne,
ſelon les termes de ma profeſſion. A
quoy n'ayant pas trouué de reſponce
conforme à ſes deſirs, il ietta toute ſa
rage & toute la force de ſes charmes
pour m'accabler,ou pour me contrain-
dre d'eſpouſer ſa voló té,afin de m'oſter
les moyens de l'accuſer, du moins afin
de rendre mon accuſation ſans fruict.

De ſorte que ie fus ſoudain obſedé
par le démon de ce grand miniſtre de
l'Antechriſt, qui n'a point trouué les
armes du S. Eſprit, qui ſont les Exorciſmes, moins fortes pour me deffendre,que celles de l'Antechriſt,qui ſont
les charmes puiſſantes pour m'atta-
quer:ſa fin a rendu teſmoignage de ſa
vie, & ſa vie a fait preuoir aux ſages ſa
miſerable fin : & toutes deux enſem-

ble ont fait voir à tout le monde, &
principalemét à ceux qui l'ont appro-
ché, & de qui il s'eft luy-mefme appro-
ché, qu'il eftoit vn grand forcier, voire
le plus grand d'entre tous les forciers
qui ayent iamais efté au monde,&qu'il
n'y auoit autre chofe à profiter auec
luy & aupres de luy que ce que l'on re-
tire ordinairement de la fuitte & fre-
quentation des forciers.

Cefte obfeffion n'a duré ny plus ny
moins que la grandeur de ce forcier,
fept ans entiers; car ie n'ay iamais fceu
trouuer la fin de mes miferes, finon
dans fa fin malheureufe, la victoire, finon dans fa cheute,& le reftabliffemét
de ma petite fortune, finon dans la
ruine de fa grande fortune.

Mais à qui fuis-ie obligé d'en rendre
grace, apres Dieu, qui m'a creé, à la
Vierge qui m'a protegé,au S.Efprit qui
m'a aydé, finó à voftre Majefté, S I R E

laquelle fans y fonger m'a vangé de ce
defloyal forcier, lequel ie n'accufe pas
apres fa mort, ie l'ay accufé de fon vi-
uant, en parlant à luy-mefme d'autant
plus affeurémét que fa propre femme
l'auoit accufé auparauant en parlant
à moy-mefme.

Voyla pourquoy, SIRE, ie m'a-
dreffe a voftre Majefté, pour l'en re-
mercier, comme ie fais de tout mon
cœur, auec toutes les proteftations de
fidelité que voftre Majefté fçauroit
defirer de moy, qui fuis le moindre de
fes officiers, ne luy fouhaittant rien
moins que ce que la grandeur de fon
courage, & la recompenfe d'vn tel acte
luy ont adiugé, qui eft la Monarchie
vniuerfelle de tout le monde, fouz le
regne de noftre Sauueur & Redépteur
Iefus Chrift, que ce malheureux a toufiours mefprifé, comme vn grand forcier, duquel i'ay veu la fin auffi toft que

par l'infpiration du S. Efprit le iour du
Védredy fainct vingt-quatriefme iour
de mars de l'an 1617. i'ay accomply le
vœu que i'auois fait durant ma maladie, de fonder (comme i'ay fondé dás
l'Eglife de mon village de Chiremont
en Picardie) vne chappelle à l'honneur
de Dieu & de la facrée Vierge Marie,
pour d'orefnauant, fouz l'authorité de
Monfeigneur le reuerendiffime Euef-
que d'Amiens, & moyennant l'affi-
ftance du fainct Efprit, y faire deflier
(par l'authorité de l'Eglife, Efpoufe de
Iefus-Chrift, & par la force de l'Exorcifme) tous les charmes & malefices qui
feront faicts par les fuppofts & miniftres de la Magie.

Et d'autant que les fouhaits font in-
utils, fi les effects ne s'en enfuiuent, ie
veux d'orefnauant employer tout le
peu d'efprit & de iugement que Dieu
m'a donné, & que le S. Efprit m'a con-

ſerué, pour les faire reüſſir, en recon-
gnoiſſance de la grace que i'ay receu de
voſtre Majeſté par ce coup ſi fauorable
à ma liberté.

Doncques ie vous diray, que pour
vous exalter facilement, & vous rendre
Monarque de tout le monde infailli-
blement, il vous faut humilier enuers
Dieu, & receuoir les conſeils & inſpira-
tions de ſon S. Eſprit, qui vous côduit:
vous auez deſ-ja fort bien commencé,
car vous auez humilié & fait humilier
enuers noſtre Sauueur & Redempteur
Ieſus-Chriſt, tous les plus Grãds de voſtre Royaume, & depuis ſix ſepmai-
nes en voſtre conſideration, & pour
voſtre ſeul reſpect, le grand Seigneur
de Turquie s'eſt pareillement humilié enuers Ieſus-Chriſt, par ſa declara-
tion du mois de Septembre dernier,
en accordant aux Chreſtiens le paſſa-
ge libre au ſainct Sepulchre, ſans payer
le tribut qu'il auoit accouſtumé de

prendre:mais il eſt neceſſaire que vous
vous humiliez vous-meſmes à voſtre
tour, ſi vous voulez eſviter que Dieu,
qui ſeul vous peut humilier, ne vous
humilie luy-meſme, car le iour du Seigneur approche.

Pour vous humilier, & en vous humiliant obliger le ſainct Eſprit de vous
exalter par-deſſus tous les Roys de la
terre, & de faire prolonger la vie du
monde, aage maintenát de ſix mil ans
ou enuiron, qui ſemble eſtre ſa durée,
repreſentee par les ſix iours de ſa creation, il faut que vous faſſiez tout le
côtraire de ce que les mondains chan-
tent ordïnairemét à vos aureilles, que
voſtre Couronne releue immediate-
ment du Ciel,& qu'il n'y a puiſſance en
terre de qui elle depende,bien que cela
ſoit veritable.

Parce qu'il faut toſt ou tard, qu'en
deſpit de tous les diables, & de ſes mi-

niftres les magiciés, forciers, politiques
& atheiftes, la foy de l'Eglife Catholique, Apoftolique & Romaine, com-
mande par tout le monde, & que noftre Sauueur & Redempteur Iefus-
Chrift foit fait feul Prince temporel &
fpirituel fur toute la terre, auant la fin
du Monde, & lors il n'y aura qu'vn feul
Dieu recogneu, vn feul Roy (qui fera
Iefus-Chrift)vne feule Foy, & vne feule
Loy.

Il faut donques pour vous humilier,
que vous quittiez de bonne heure, du
moins que vous faffiez folennellemét
le veu de quitter la qualité de Roy
Tres-Chreftien, auffi toft que vous
ferez Monarque vniuerfel de tout le
monde, à noftre Sauueur & Redempteur Iefus-Chrift, afin que d'orefnauant il foit qualifié Roy de France &
de Iudee, Monarque vniuerfel du ciel
& de la terre, & vous declarer feulemét

son grand Cóneſtable en France, con-
duit par le S.Eſprit,afin que voſtre humilité l'oblige de prolonger la vie du
Monde, cóme celle du bon Roy Ezechias l'obligea de prolonger la vie de
ſon peuple;& auſſi afin qu'il vous exal-
te pardeſſus tous les autres Roys,Ducs
& Princes ſouuerains de la terre, leſ-
quels à voſtre exemple s'humilieront,
& quitteront pareillement la qualité
de Roy , & leurs Souuerainetez aux
pieds de la Croix, pour s'aſſujettir d'o-
reſnauant à la Monarchie vniuerſelle
de Ieſus-Chriſt, qui ſelon mon iugement veut auoir ſon tour & ſon iour
pour regner ſur les hommes, iour qui
pourroit bien eſtre de mil ans: car vn
iour, deuant Dieu le Pere, ſignifie mil
ans: Et comme les ſix iours de la creation nous ont ſignifié que le monde
dureroit ſix mil ans, auſſi le iour que
Dieu prit ſon repos apres la creation
du

du Monde, pourroit-il bien ſignifier
que le regne de Ieſus-Chriſt ſera de
mil ans, regne que les gens de bien
doiuent ſouhaitter auec impatiéce, car
ils verrõt les bons preſider ſur les meſchans, au lieu que depuis ſix mil ans ils
ont le plus ſouuent veu le contraire: la
Iuſtice ſera rendue ſelon ſes termes
equitablement, les vertueux ſerõt ſuf-
fiſamment recompenſez, les meſchans
amplement chaſtiez ſelon leur demerites.

Et c'eſt à mon aduis, ce que nous vouloit ſignifier ceſte eſtoile qui paruſt en
plain iour, peu de temps apres que
voſtre Majeſté eſt entré en regne, que
quelques Mathematiciés ont dit eſtre
la meſme eſtoille qui parut lors de la
naiſſãce de Ieſus-Chriſt, bien que peut-
eſtre ce ne ſoit pas la meſme eſtoille: &
c'eſt encores ce que nous veut ſignifier
(ſelon mon iugement) la Commette,

B

qui a paru ces iours paſſez au ciel, elle
paruſt lors que Ieruſalem fut ruinee,
& elle paroiſt maintenant que Ieruſalem s'en va reſtablir : elle paruſt encores du temps de Neron, & elle paroiſt
encores maintenant, qu'vn autre pire
que Neron veut entrer en regne, qui
eſt l'Antechriſt.

Ie dis que Ieruſalem s'en va reſtablir,
parce que ie m'imagine & me perſuade
que voſtre Majeſté, SIRE, qui porte
ce beau tiltre de Louis le Iuſte, ſe re-
ſoudra bien toſt par l'inſpiration du S.
Eſprit, d'aller au mont d'Oliuet, où
Ieſus-Chriſt a eſté crucifié, porter ſa
Royalle Couronne, & la mettre ſur
ſon chef, en le publiant & faiſant publier Roy de France & de Iudee, Monarque vniuerſel du ciel & de la terre,
& de là en Ieruſalem reſtablir ſon Eſ-
pouſe en ſon premier ſiege, & y tranſ-
ferer le S. Siege, qui eſt maintenant à

Rome, que l'Antechrist s'efforcera d'exterminer.

Car pour vous rendre iuſte & conſequemment digne d'vn ſi beau tiltre, il faut rendre & faire rendre à vn chacun ce qu'il luy appartient, & partant il vous faut quitter à Ieſus-Chriſt, comme à luy appartenante legitimement la qualité de Roy Tres-Chreſtien, puis que ſon iour approche, & qu'il veut entrer en ſon regne vniuerſel, & vous reſtraindre à la qualité de grand Conneſtable en France, pour combattre ſouz ſa banniere & ſouz ſon authorité ceſt Antechriſt : & pour cela ie m'imagine que le S. Eſprit a inſpiré voſtre Conſeil de laiſſer ceſte grande dignité vaquáte depuis la mort de feu Móſieur le Conneſtable, & de n'y point pouruoir durát voſtre minorité, afin de la vous laiſſer, pourvous en pouruoirvous meſme quand vous ſeriez en pleine majorité.

Ce n'eſt pas aſſez d'auoir deffendu leſ
blaſphemes & les dueils, bány les Iuifs,
d'auoir reuoqué le droiĉt annuel, & d'a-
uoir fait canoniſer S. Loüïs à Rome, bié
que ce ſoit beaucoup, pour combattre
l'Antechriſt, il en faut faire d'auantage,
c'eſt vn grád & puiſſant ennemy, qui ne
ſe peut vaincre que par des voyes extraordinaires, & moyés ſurnaturels, par
ce qu'il agira luy-meſme par des voyes
extraordinaires & moyens ſurnaturels,
ſes moyens ſeront illegitimes, & les
voſtres ſeront legitimes.

Vous auez bien commencé, mais il
ne ſuffit pas, il faut continuer : en vain
vous auriez vaincu ſon grand Mareſchal des logis, qui vouloit marquer
voſtre Louure pour ſon logis, ſi vous
ne l'exterminiez luy-meſme, qui s'y
veut loger.

Quand Iudas Macabee voulut combattre ce grand & puiſſant Roy Antio-

chus, qui eſtoit la figure de l'Antechriſt, il prit des voyes extraordinaires,
& fut ſecondé par d'autres voyes ſur-
naturelles, car Dieu luy enuoya des for-
ces du ciel pour l'ayder à combatre, &
vaincre ſon ennemy.

Lors que ce bon Roy Ezechias, Roy
du peuple de Dieu le Pere, voulut có-
battre & vaincre ce grand Sennacherib,
Roy des Aſſiriés, qui n'eſtoit pas moins
meſchant qu'Antiochus, il euſt recours
aux remedes extraordinaires, & fut ſecondé par les moyens ſurnaturels ; car
l'Ange (exterminateur du Seigneur) ſe
trouua à la meſlee, & en vne ſeule nuiĉt
deffit toute l'armee de Sennacherib,
qui eſtoit compoſee de deux cents mil
hommes, & fut eſtranglé par ſes pro-
pres enfans.

Quand Gedeon voulut combattre
les Madianites, il euſt recours aux remedes extraordinaires, & moyens ſur-

naturels. Entre dix mil hommes qu'il auoit dás son armee, il n'en choisit que trois cents pour le secóder, parce qu'ils auoient beu l'eau auec la main.

Quand Moyse voulut deliurer le peuple Iudaïque de la captiuité de ce grand Roy Pharaon, & de la seruitude d'Egypte, il eust recours aux remedes extraordinaires & à des moyens surnaturels, il establit premierement la loy contre la magie & la sorcellerie; & puis apres pour distinguer le peuple de Dieu le Pere d'auec celuy de Pharaon, il restablit la loy de la Circoncision, & se fit luy-mesme circoncir des premiers.

Quand Iudic entreprint de déliurer ceux de Bethulie de la tyrannie d'Holofernes, elle eust recours aux voyes extraordinaires & moyens surnaturels pour luy coupper la teste.

Quand Daniel voulut sauuer la vie à la chaste Susanne, accusee & conuain-

cuë d'impudicité par les deux vieillards
faux tefmoings, qui enragez de ce
qu'ils ne l'auoiér fceu corrompre,com-
me ils auoient fait beaucoup d'autres
ieunes dames en Ifraël, il euft recours
à des voyes extraordinaires,car il accu-
fa publiquemét d'ignorance les Iuges
qui l'auoient iugée & condamnée à la
mort, & les deux tefmoings de fauffe-
tez, & fe conftitua Iuge pour les con-
damner comme coulpables, & pour
declarer Sufanne innocente.

Lors que noftre Sauueur & Redempteur Iefus-Chrift a voulu racheter
tout le monde, & deliurer toutes les
creatures de la captiuité de ce grand
Roy Pharaon,qui eft le diable,prince
du monde, qui les tenoit en efclauage
à caufe du peché du premier homme,
il s'eft feruy des remedes extraordinaires & moyens furnaturels, il eftablit la
loy contre la magie,en difant à l'hóme,

Vn seul Dieu tu adoreras, & pour distinguer les Chrestiens d'auec les Payens,
il establit la loy du Baptesme, & se fit
baptiser luy-mesme par S. Iean Baptiste
son Precurseur.

Quand ce grand Roy Clouis, premier Roy Tres-Chrestien, voulut ga-
gner la bataille contre son ennemy, il
se seruit des moyens extraordinaires
& surnaturels, il fit veu de se faire baptiser s'il gagnoit la bataille, comme sa
femme qui estoit Chrestienne l'auoit
asseuré: & de fait, apres qu'il eust gagné
la bataille, il se fit baptiser.

Quand Charles septiesme voulut
chasser les Anglois hors du Royaume
de France, qui s'en estoient emparez, il
se seruit des moyens extraordinaires &
surnaturels, il creut le côseil d'vne sim-
ple fille, appellée la Pucelle d'Orleans,
& se seruit de ses armes, qui luy furent
fort fauorables, pour rentrer en la pos-

fession de son Royaume, qu'il auoit
perdu.

Quand le feu Roy Henry le Grand
voftre pere (que Dieu abfolve) a voulu
viure en paix en son Royaume, reünir
en vn tous les cœurs de ses sujects diui-
sez, & se faire recognoiftre Monarque
par tous ses ennemis, qui reuoquoient
en doute son droict à la Couronne, il
s'eft aufli feruy des voyes extraordinaires, & moyens furnaturels : il quitta la
religion des pretendus reformez, en laquelle il auoit efté nourry toute fa vie,
pour fe faire Catholique ; aufli toft il
fut recongnu, & iufques là il ne l'auoit
peu eftre.

Aufli, SIRE, (fauf le meilleur aduis
de voftre bon & fage Confeil) eft-il
neceffaire que vous-vous feruiez des
voyes extraordinaires, & moyens furnaturels, pourueu qu'ils foient legitimes, & aprouuez de l'Eglife, maintenác

qu'il s'agit de la conseruation & con-
queste de tout le monde, que ce malheureux Antechrist vostre ennemy
mortel, veut exterminer. Ie dis vostre
ennemy, parce que sans doute il fera
tout son pouuoir de s'asseoir sur les
fleurs de Lys, & aussi afin de meriter
par vostre Majesté, que l'Ange du Seigneur, qui apporta la saincte Ampoule
du ciel, pour oindre & sacrer le Roy
Clouis premier Roy Tres-Chrestien,
vous apporte ceste belle Couronne de
l'vniuers, & vous publie luy-mesme
grand Connestable en France, souz le
regne de nostre Sauueur & Redempteur Iesus-Christ.

Ces moyens surnaturels,& voyes extraordinaires, legitimes, sont selo mon
petit iugement, de faire tout le cótraire
de l'Antechrist, contre son orgueil, soy
disant fils de Dieu, ennemy de Iesus-
Christ, & de son Eglise, qu'il veut per-

fecuter : humiliez-vous deuant Dieu, qui a referué la fleur de Lys pour luy, & confequemment pour Iefus-Chrift fon Fils vnique, felon l'opinion du Prophete Efdras : laiffez la qualité & le tiltre de Roy Tres-Chreftien à Iefus-Chrift, & vous declarez vous-mefme grand Conneftable en France, fouz le regne de noftre Sauueur & Redempteur Iefus-Chrift, Roy de France & de Iudee, Monarque vniuerfel du ciel & de la terre, faites exactement & curieufement obferuer fes commandemens.

Humiliez-vous auffi deuant l'Eglife fon Efpoufe, & au lieu que l'Antechrift eftudie de la deftruire en la mefprifant, conferuez-là en l'honnorant : monftrez que vous n'entendez combatre que fouz fa banniere, & auec fes armes, qui font les Exorcifmes ; oppofez-le aux armes de l'Antechrift, qui font les charmes, en vertu defquels il

poſſede tous les magiciens & les forciers qui ſont ſur la terre, & les rend
ſes eſclaues, obtenez pour eux de noſtre ſainct Pere vn pardon general, à la
charge qu'ils ſe feront exorciſer, afin
de les arracher des pattes de l'Antechriſt. Faites deſlier en l'Egliſe, par les
Exorciſmes, tout ce que ce malheureux
a fait iuſques à preſent, & fera d'oreſnauant lier par charmes , en la Sina-
gogue & aux ſabbats des magiciens &
des ſorciers.

Eſtabliſſez, par l'inſpiration du ſainct
Eſprit, comme fit Moyſe par le com-
mandemét de Dieu le Pere, la loy contre la magie & la ſorcellerie, & en ſuitte
reſtabliſſez l'ancien vſage de l'exorciſme pour diſtinguer le vray Chreſtié d'a-
uec le faux Chreſtien: car le vray Chreſtien aura recours à l'Exorciſme quand
il ſe trouuera attaqué par la magie, au
lieu que le faux Chreſtié continuera d'a-

uoir recours à la magie : ne negligez
pas de vous faire exorcifer des premiers, contre les charmes de ce ce malheureux Antechrift, qui a charmé toute
la terre: c'eft levray moyen de le vaincre
fans beaucoup de peine , & d'empef-
cher que fes charmes ne vous puiffent
nuire : C'eft auffi le moyen de deliurer
les Chreftiens des perfecutions furieu-
fes & efpouuantables, dont ils font me-
naffez par les aftres, & principalement
par cefte Commette qui paroift depuis
fix fepmaines, laquelle fans parler nous
fignifie qu'il eft temps de prendre les
armes, qui font les Exorcifmes, pour
nous deffendre contre l'Antechrift ; &
que l'Eglife, qui les a toufiours & iufques icy tenus fi fort renfermez dans
la neceffité, pour les particuliers, les
communique d'orefnauant ordinairement & familierement à tous les Chreftiens qui en auront befoin, pour les di-

uertir d'aller au fecours de la magie, car
ie crois qu'il eft téps que l'Eglife ouure
fes trefors, puis que la finagogue ouure
les fiés : & par la vertu des Exorcifmes,
i'efpere que Dieu fera autant de mira‑
cles pour la côferuation de la foy, qu'il
en a fait pour fon eftabliffement.

SIRE, i'aprehendois au commen‑
cement de publier doucemét par efcrit
auec ma plume, ce que i'auois furieu‑
fement publié auec ma langue le der‑
nier iour d'Auril de l'an 1611. c'eft à fça‑
uoir, que l'Antechrift eft né, & que le
monde finira le 21. iour de Mars de
l'an 1651. s'il ne fait penitence, comme
firent les Niniuites, par crainte que la
fiéure chaude & maladie furieufe, qui
auoit mis mon efprit à l'effort neuf
iours durant, & à la gehenne fept ans
durant, & qui foudainement l'auoient
ietté dans la publicatió des chofes auf‑
quelles il n'auoit iamais fógé, ne m'euft

boulverſé le iugement, & broüillé l'i-
magination.

Mais maintenant que toutes choſes
quadrent & ſe rencontrent aucunemét
conformes à ceſte publication, ie leue
le maſque à toute ſorte d'aprehenſiós,
& ayme mieux eſtre códamné de folie
par les ignorans,& par les meſchans,en
parlant, que de malice & d'ingratitude
par les bons & les ſçauans,en me tai-
ſant; pour le moins auray-ie ce conten-
tement d'auoir fait voir au public qu'il
me reſte encores aſſez d'eſprit pour me
conduire,& que dans mon malheur i'y
ay trouué du bon-heur,par la voye de
l'Exorciſme,qui m'a (grace à Dieu) depuis ce temps conſerué contre les charmes de la magie,laquelle ſans difficulté
ſe deſtruira d'elle meſme,auſſi tóſt que
voſtre Majeſté aura eſtably la loy contre la magie, & que les Chreſtiens auront reprins l'ancien vſage de l'Exor-

cifme contre fes charmes & malefices,
au lieu que maintenant & depuis long
temps ils courent à bride abbatuë, vers
les miniftres de la magie, quand ils fe
trouuent liez (les Gráds auffi bien que
les petis:) Tout ainfi comme fi l'Eglife
n'auoit pas affez de puiffance pour les
deflier; ce qui monftre vne grande foi-
bleffe de foy, pour punition de laquelle
ie crois que Dieu a permis que les here-
fies fe foient coulees dans les efprits de
la plufpart des Chreftiens, qui charmez
par la magie, & obfedez par les démós,
qui fomentent la magie, fe font iettez
dans l'herefie, par faute d'auoir eu recours à l'Exorcifme, & à l'authorité de
l'Eglife.

L'embrazement de voftre Palais arriué le feptiefme de Mars de l'annee der-
niere 1618. n'eft pas la moindre circon-
ftáce qui me fait croire que l'Antechrift
eft né, & qu'il fe veut vãger de la mort
de

de son grand Mareschal des logis, que
vous auez si iustement chastié, bien
qu'il y en ait plusieurs autres assez
puissantes pour me le faire croire.

Car il semble, que par cest embrazement, arriué le mesme iour, que celuy auquel les Iuifs demanderent des
signes à nostre Seigneur pour iustifier
qu'il estoit le vray Messie, Dieu ait voulu faire sçauoir à tous les hommes que
vous auez esté choisi par la diuine Majesté pour conseruer tout le monde, &
pour combattre cet Antechrist: & aussi
pour vous obliger vous-mesme, non
seulement de restablir ce sacré temple
de la Iustice, dans lequel il n'y auoit
plus de place pour vous loger auec les
autres Roys, mais aussi de restablir la
Iustice en sa premiere dignité, & vous
signifier quant & quant, qu'à faute
de ce faire, cet élement (qui n'a point
eu la hardiesse de toucher à la Cham-

bre doree, où est assis le lict de vostre
Iustice) fasse bien tost son office, comme destiné pour embrazer vn iour
tout le monde: Car il est bien certain
que le mõde ne sçauroit subsister sans
Iustice, ny vostre Monarchie se maintenir plus auant, si en restablissant le
Palais où s'exerce la Iustice, vous ne
restablissez la Iustice en son ancienne
& premiere splendeur.

Et pour remettre la Iustice en son
ancienne & premiere splendeur, il faut
establir la loy contre la magie & la
sorcellerie, restablir l'vsage de l'Exor-
cisme, & faire curieusemét & soigneu-
sement obseruer les commandemens
de Iesus-Christ : car c'est à Dieu premierement que vous deuez rendre la
iustice contre les magiciens & sorciers
ses ennemis mortels, qui manqueront
de se reuoquer & se recognoistre, apres
le pardõ que vous aurez obtenu pout

eux de noſtre S. Pere; parce que dans leurs Sabaths, où ils adorent vn autre Dieu que luy, ils luy font tant d'indignitez, que les diables meſmes en ont horreur, comme ils ont confeſſé lors que l'on faiſoit le procez en l'Egliſe au démon de Gaufredy, & que l'on exorciſoit la pauure creature, qui eſtoit poſſedee en vertu de ſes charmes: Ce Gaufredy, qui fut deſcouuert & exterminé par la ſeule voye de l'Exorciſme, fut ſi enragé de dire auant ſa mort, que tout ſon regret de mourir eſtoit, pource qu'il n'auoit pas veu le regne de l'Antechriſt, qu'il auoit tant deſiré.

Les autres circonſtances qui me font craindre que l'Antechriſt ne ſoit né, font premierement l'execrable parricide cómis en la perſonne du feu Roy Henry le Grand voſtre pere (que Dieu abſolve) dans la ville capitale de ſa Monarchie, car il ſemble que la magie l'ait

faict ainſi mourir, croyant que facilement elle feroit aſſeoir l'Antechriſt
ſur les fleurs de Lys, par le moyen de
ſon grand Mareſchal des logis : L'apparition de ceſte Comette, laquelle a-
uec les Aſtres ne nous menaſſent point
de peu de choſes, ſelon le dire des Ma-
thematiciens, le peu de foy & de charité qu'il y a maintenant au monde, &
entre les hommes, les iniuſtices qui s'y
exercent, le peu de pieté, & le peu de fidelité qui s'y rencontre, la grande vo-
gue que le trop grand luxe, l'ambition
deſreglee, l'auarice & la volupté ſe ſont
acquis parmy les hommes, l'eſleuation
du vice, & le rauallement de la vertu, la
diuerſité des religions, l'impunité des
crimes, la reuolte des Royaumes contre les autres Royaumes, des nations
contre les nations, les guerres & bruits
de guerre, le trop frequent exercice de
magie, les querelles irreconciliables

qu'il y a maintenant entre les femmes
& leurs marys,entre les pere & mere &
leurs enfans,entre les freres & sœurs
& les freres & sœurs,l'accomplissemét
du cours du grand Zodiaque, qui va
nous signifiant que toutes choses s'en
vont retourner à leur premier princi-
pe,c'est à dire à leur premier neant,le
desbordement ordinaire des riuieres,
les frequents tremblements de terré
que nous voyons, les signes qui pa-
roissent si souuent au Ciel,au Soleil,en
la Lune,& aux Estoilles,l'accablement
& inondation des villes &villages,qui
sont arriuez en ladicte annee mil six
cents dix- huict,& és annees preceden-
tes,depuis que l'on dict que l'Antechrist est né au mois de Mars de l'an
mil six cents & vnze,la corruption de
l'air qui paroist depuis ledit temps,en
la pestilence qui a puissamment regné
en plusieurs endroits,le desreglement

de la mer, qui a eu son flux & reflux
trois & quatre fois en vn mesme iour,
la sterilité des fontaines, l'infertilité de
la terre, les grandes ruines que le feu
cause tous les iours en plusieurs endroits, la desobeïssance enuers les Ma-
gistrats & superieurs, qui n'est pas vn
petit crime, l'apparition des esprits &
des fantosmes, qui semblent se vouloir
desia familiariser & habituer auec les
creatures, l'humilité du grád seigneur
de Turquie enuers Iesus-Christ, par le
consentement qu'il a donné aux Chrestiens de visiter le sainct Sepulchre sans
payer tribut: Car toutes ces choses
sont signifiantes la fin du monde, &
aduenemét de l'Antechrist, selon qu'il
est amplement rapporté en l'Escriture
saincte, en S. Iean, en S. Mathieu, en
Daniel, & en plusieurs autres endroits.
Ceux qui en voudront auoir de plus
grandes preuues, qu'ils considerent

seulemét comme l'on vit auiourd'huy
dans le monde,& eux-mesmes,ils iu-
geront qu'il est temps que Dieu fasse
voir qu'il est aussi iuste qu'il est miseri-
cordieux : s'ils ne se contentent,qu'ils
lisent le liure du deffunct pere Michaë-
lis,qui estoit aussi sçauant qu'homme
de bien,affectionné à la gloire de Dieu,
ils trouuerót que les diables mesmes,
pressez par l'authorité de l'Eglise de dire la verité à la suitte des Exorcismes,
ont confessé que l'Antechrist est né,&
& que le iour du Seigneur approche:
& qui plus est,ils l'ont publiquement
annoncé,afin d'auoir moyen de repro-
cher vn iour aux hommes qu'ils les
ont aduertis de leur salut, & qu'ils
n'en ont tenu compte,non-plus que
de la fin du monde,& qu'ils s'en sont
mocquez, disant que les diables sont
menteurs,comme il est bien vray qu'ils
sont menteurs,qui seroit veritablemét

vne aſſez bonne replique, s'il n'y auoit
que les diables qui nous euſſent annoncé la fin du monde, & la naiſſance
de l'Antechriſt : Mais ils n'ont pas eſté
les premiers qui nous l'ont annoncé,
les Miniſtres de l'Egliſe ne s'y ſont pas
oubliez, Pannigarolle, & le ſieur de
Perrieres-Verrin, tous deux Docteurs
en Theologie, l'ont publié par leurs
eſcripts auant que les diables y euſſent
ſongé : & ſi cela n'euſt eſté, & que d'ailleurs les diables n'euſſent eſté con-
traints d'en dire & publier la verité, ils
ſe fuſſent bien donnez de garde d'en
parler, ils ne ſont pas ſi curieux du ſa-
lut des hommes, pour les aduertir de
leur propre mouuement de la fin du
monde, afin de les obliger à la penitéce. Pour moindre occaſion le Roy
Louis le Debonnaire, fils de Charle-
magne, fit aſſembler quatre Conciles
en l'an 828. ſoubs l'authorité du Pape

Gregoire XIIII.les diables par la bou-
che d'vne pauure creature poſſedee en
la ville d'Aix en Allemagne que l'on
exorciſoit,confeſſerent que par la per-
miſſion de Dieu ils auoient fort affligé
la France,parce que la Iuſtice n'y eſtoit
pas adminiſtree ſelon ſes regles,& que
les vices n'y eſtoient pas punis,& qu'il
faloit faire penitence.

SIRE, quand ie conſidere que la
loy de nature n'a duré que ſeize cents
cinquante ans parfaicts & accomplis,
& que le deluge eſt arriué le 21.iour de
Mars de l'an 1651. que la loy Moſaï-
que(que nous appellons la loy eſcrite)
n'a point duré dauantage: Ie ne puis
m'imaginer que la loy de grace paſſe
plus auant: au contraire,i'apprehende
que le monde ne finiſſe le 21.iour de
Mars de l'an 1651. Car puis que le premier deluge eſt arriué ſeize cents cinquante ans apres la creation du pre-

mier homme, qui nous auoit tous
damnez, il eſt vray-ſemblable que le
ſecond & dernier deluge viendra ſeize
cents cinquante ans apres l'incarna-
tion du Roy des hommes, qui nous a
tous racheptez, ſi ce n'eſt que le iour
du Seigneur dure mil ans apres l'eſta-
bliſſemēt du regne vniuerſel de Ieſus-
Chriſt, ce que ie ne crois pas, bien que
le Ciceron des Chreſtiens, Lactance,
l'ait creu, parce que l'Egliſe n'a point
approuué ſon opinion en ce poinct là:
les mil ans du regne de Ieſus-Chriſt,
dont il eſt parlé en l'Apocalipſe de
S. Iean l'Euangeliſte, & ſur quoy Lactance s'eſt fondé, ſont paſſez il y a ſix
cents tant d'ans, car ils ont commencé
dés ſa naiſſance, & le diable qui auoit
eſté enchaiſné pour mil ans, a eſté deſ-
lié auſſi toſt que les mil ans ont eſté accomplis, & ne doibt eſtre relié que ſur
la fin du monde: Et c'eſt à quoy ie

vous veux perſuader de trauailler, SIRE, parce qu'il eſt dict en l'Apocalipſe que s'il n'eſtoit relié, à grand peine les eſleus pourroient-ils eſtre ſauuez, à cauſe des grandes tribulations & perſecutions qu'il faudra ſouffrir durant le regne de ce malheureux Antechriſt.

Ores il ne peut eſtre relié que par les frequentes exorciſmes, & par l'authorité de l'Egliſe, & par l'eſtabliſſement de la loy vniuerſelle contre la magie & la ſorcellerie : Voila pourquoy, puis que le monde approche ſi fort de ſa fin, il eſt temps d'y trauailler, & de reſtablir l'ancien vſage de l'Exorciſme, par lequel il fut lié pour mil ans par noſtre Sauueur & Redempteur Ieſus-Chriſt, auec lequel nous contracterons alliance par les exorciſmes, & renoncerós à toutes les pactions que les magiciens & les ſorciers ont accouſtumé de faire auec le diable par les charmes,& fi nous emprunterons les armes & la puiſſance de l'Egliſe,égallo à celle de Ieſus - Chriſt ſon Eſpoux, pour nous maintenir contre le diable, & nous deliurer de toutes les tribulations & perſecutions dont les Aſtres & la Comette menaſſent les creatures, que cçſt Antechriſt leur fera ſouffrir par ſes charmes & malefices, s'ils n'y remedient par l'Exorciſme.

Ceux qui ne portent pas leurs penſees,& ne releuét pas leurs eſprits par-deſſus les conceptions communes & ordinaires, trouueront eſtrange l'aduis que ie donne à voſtre Majeſté pour ſes eſtrennes,à ce premier iour de l'an mil ſix cens dix-neuf,de quitter à nôtre Sauueur & Redempteur Ieſus-Chriſt,par humilité & par droiċt de iuſtice,la qualité deRoy Tres-Chreſtié pour les ſiennes,& de vous contenter d'oreſnauant de la qualité de grand

Conneſtable en France,ſous le regne
de Ieſus-Chriſt Roy de France & de
Iudee,Monarque vniuerſel du ciel &
de la terre,afin que pour recompenſe
de voſtre humilité en ſon endroit,il
vous dóne la force & la puiſſance d'exterminer l'Antechriſt,qui eſt ſon ennemy & le voſtre,& de vous rendre
Monarque vniuerſel de tout le monde
ſoubs ſon authorité.

Mais les autres,qui ſeront illuminez
de la grace de Dieu,& aſſiſtance du S.
Eſprit,n'improuueróc pas mon aduis,
au contraire ils le ſeconderont,& vous
conſeilleront de le ſuiure, principalement quãd ils verront vn pareil aduis,
qui ſe trouue dans S.Auguſtin,au trai-
té de l'Antechriſt,bien qu'il ſoit iugé
par pluſieurs n'eſtre pas de luy,mais
d'vn autre moins ſçauant que luy : &
que d'ailleurs,ils conſidereront le mi-
ſtere caché ſoubs ceſte remarque,que

depuis Clouis , premier Roy Tres-
Chreſtien,& premier Roy ſanctifié en
France,iuſques à Charles le Magne ſecond Roy auſſi ſanctifié en France , il
n'y a eu que vingt Roys qui ont regné:
& depuis Charles le Magne iuſques à
S. Louis, troiſieſme Roy ſanctifié en
France, il n'y a pareillement eu que
vingt Roys qui ont regné en France:
& depuis S. Louis iuſques à vous, Sire,
qui aurez cet honneur de combattre
& de vaincre l'Antechriſt, s'il eſt vray
qu'il ſoit né, comme il y a grande ap-
parence,& d'eſtablir le Royaume vniuerſel de Ieſus-Chriſt ſur toute la terre,il n'y a pareillement eu que vingt
Roys qui ont regné en France.

Car voſtre Majeſté ayant à combattre ce malheureux Antechriſt, il faut
qu'elle s'ayde des armes d'humilité,&
contre ſon orgueil extraordinaire, ſe
diſant fils de Dieu au lieu de Ieſus-

Chrift, qu'elle fe ferue d'vne humilité extraordinaire, & contre fes charmes de l'Exorcifme.

Ores ie m'imagine que vous ne fçauriez plus profondement vous humilier deuant Dieu, que de quitter volontairement à Iefus-Chrift fon fils vnique, la qualité de Roy Tres-Chreftien, & vous rendre fimplement fon grand Conneftable en France: car en vous humiliant, vous-vous exalterez quant & quant, & vous rendrez Monarque vniuerfel de tout le monde foubs fon authorité.

Apres Iefus-Chrift (qui eut à combatre & vaincre par fon humilité le Prince du monde, qui fe vouloit egaller à Dieu, & s'affeoir fur le throfne du Tres-hault) nul homme n'a iamais eu vn tel combat que vous auez à faire maintenant contre l'Antechrift, que ce Prince du monde Lucifer, veut ren-

dre Monarque de tout le monde, au
defaduantage de Iefus-Chrift : Voila
pourquoy vous deuez imiter le plus
qu'il vous fera poffible Iefus-Chrift,
puis qu'il s'agift de la conferuation &
de la conquefte du monde, de la qualité du fils de Dieu, & de la Monarchie
vniuerfelle de tout le monde : Iefus-
Chrift eftoit Dieu, & il s'eft faict homme par humilité pour rachepter tout
le monde : Il eftoit bien & fuperbemét
logé au Ciel, & il s'eft venu loger dans
vne eftable en terre : Il eftoit le fils du
Roy des Roys, & neantmoins il a voulu eftre traicté comme fils d'vn fimple
charpentier, & viure comme le plus
fimple homme du monde : & apres
cela, les fages trouueront eftrange l'aduis que ie donne à voftre Majefté, de
quitter (en vous humiliant) la qualité
de Roy Tres-Chreftien à Iefus-Chrift,
pour vous rendre fon grand Conneftable

ſtable : Ie ne le crois pas, principalement quand ils confidereront que le
Roy Louis le Debonnaire quitta par
humilité au Pape, le droict qui luy ap-
partenoit de nommer des Papes.

Dieu le Pere ſe courrouça contre le
peuple Iudaïque, quád il vit qu'il vouloit auoir vn autre Roy que luy pour
le gouuerner : Il s'en plaignit à Samuel
le Prophete, que le peuple auoit im-
portuné pour luy donner vn Roy.
Mais quád il verra le Roy Tres-Chreſtien & tout ſon peuple, prendre volõ-
tairement Ieſus-Chriſt ſon fils vnique
pour ſon Roy, il s'en reſiouyra de telle
ſorte, qu'il vous comblera de benedi-
ctions, & tout voſtre peuple, qu'il eſle-
uera par-deſſus toutes les nations du
monde. Ieſus-Chriſt a reparé la faute
d'Adam noſtre premier pere par ſon
humilité & par ſa charité enuers Dieu
ſon Pere ; & vous, SIRE, vous reparé-

rez, par voſtre humilité & par voſtre
iuſtice enuers IeſusChriſt, la faute que
Cæſar & tout ſon peuple ont faict en
ſon endroit par vne grande iniuſtice,
quand ils ont refuſé de le recognoi-
ſtre pour le Roy de Iudee, & au contraire, l'ont crucifié en Ieruſalem.

N'en negligez pas l'aduis, SIRE, s'il
vous plaiſt, afin que le ſainct Eſprit qui
vous códuit, n'aille point ailleurs pour
choiſir vn autre grand Conneſtable
que vous pour Ieſus-Chriſt, ny vne
autre que la France ſa fille aiſnee, pour
la rendre la Royne de tout le monde,
ſoubs le regne de noſtre Sauueur &
Redempteur Ieſus-Chriſt.

Car pour ne vous point flatter, voſtre
Monarchie a maintenant attaint l'aage
de douze cents ans, qui eſt vn ancien
aage par-deſſus lequel l'Empire Ro-
main n'a ſceu paſſer, ny toutes les autres Monarchies qui l'ont precedé : Il

femble par là que le terme des Monarchies ait esté limité à douze cens ans.

Vn ancien preueut que celle des Ro-
mains ne dureroit que douze cents
ans, par le vol des douze Vautours qui
parurent fur Rome lors qu'elle fut
baftie, fignifiant chaque Vautour vn
fiecle de centaine d'annees.

Là deffus, l'on pourroit dire que la
duree de la Monarchie Françoife a esté
preueuë par le Roy Louis le Ieune,
lors qu'il a faict l'establiffement des
douze Ducs & Pairs de France; & s'il
faut ainfi dire, limitee à douze cés ans,
fignifiant chaque Pair de France vn
fiecle de centaine d'annees.

Mais ç'eft tout au contraire, ceft
establiffement fignifie que la Monarchie Françoife durera eternellement,
& iufqu'à la cónfommation du móde,
parce qu'il eft conforme à l'eftabliffement que Iefus-Chrift fit de fa Mo-

narchie fpirituelle, choififfant douze
Apoftres, qui eftoient égaux entr'eux
& non pas auec luy, comme les douze
Ducs & Pairs de France, inftituez par
Louis le Ieune, eftoient égaux entre
eux, & non pas auec luy : & il femble
que cet eftabliffement faict par Louis
le Ieune, ait efté faict par l'infpiration
du S. Efprit, comme vn preparatif à
l'eftabliffement du regne de Iefus-
Chrift en France : Car ce rapport des
douze Apoftres, que Iefus - Chrift a
eftably luy-mefme dans fa Monarchie
fpirituelle, auec celuy des douze Ducs
& Pairs de France eftably en fa Monar-
narchie temporelle, qui eft la France,
par l'infpiration du S. Efprit, fignifie
que la prophetie d'Efdras eft veritable,
& que Dieu a referué les fleurs de Lys
pour luy ; comme il a bien refmoigné
luy-mefme, quand il a donné le pouuoir aux Roys Tres-Creftiens, de gua-

rir miraculeuſement de la maladie des
eſcroüelles par leur ſeul attouchemét,
& que toſt ou tard il faut que la France
reçoiue le regne de Ieſus-Chriſt, qui
durera eternellement, & iuſques à la
côſommation du monde: Car qui ſe-
roient ceux qui ſe pourroient perſuader de pouuoir diſſiper, deſchirer, ou
deſmembrer le Royaume de Ieſus-
Chriſt, & d'en empeſcher l'eſtabliſſement?

Voila pourquoy, SIRE, pour deſ-
tromper tous les ſuppoſts de l'Antechriſt, qui ſe perſuadent follement de
partager entr'eux la Monarchie vniuerſelle de tout le monde, & d'en iouïr
ſoubs ſon regne & ſoubs ſon authorité: quittez de bonne heure à Ieſus-
Chriſt volontairement la Monarchie
Tres-Chreſtienne, & vous contentez
de la qualité de grand Conneſtable en
France ſoubs ſon regne, ſans attendre

que ce miſerable Antechriſt, & ſes malheureux miniſtres, vous reduiſent, ou
vos ſucceſſeurs, à faire par force en téps
d'aduerſité, ce que vous aurez negligé
ou meſpriſé de faire en temps de pro-
ſperité, ſuiuant l'aduis qui vous en eſt
donné par le moindre (en authorité &
non pas en fidelité) de tous vos Officiers qui ſoient en France, & qui de ſa
fidelité n'en peut donner autre meil-
leure preuue, que celle qui reſulte de la
hardieſſe qu'il prend, ſous voſtre bon
plaiſir, de dire franchement la verité de
ce qu'il croit & de ce qu'il ſçait.

Vous auez vn bon Cóſeil, compoſé
des plus gráds perſonnages du móde,
autant zelez à la gloire de Dieu que
l'on ſçauroit ſouhaitter, & principalement du plus grand Chancelier qui ait
iamais eſté en France, Monſeigneur le
Chancelier de Sillery, lequel i'honore
d'autant plus, que ie ſçay certainement

que iamais ce grand Marefchal des logis & l'Antechrift n'a fceu le corrompre ny le ranger à fes deffeins : Cela me faict efperer, auec la faincte & innocente vie que vous menez,& le tiltre de Louis le Iufte que vous portez, que vous ferez auffi pieux que Clouis, premier Roy Tres-Chreftien fanctifié, auffi courageux que Charles le Magne, fecond Roy fanctifié,& auffi heureux que S. Louis, troifiefme Roy fanctifié; & que par vous feul, la Saincte Trinité va faire plus de merueilles, qu'elle n'a faict par ces trois Roys vos predeceffeurs : Dieu vous en face la grace, & à moy qu'il luy plaife pareillement me donner la grace de m'humilier deuant fa diuine Majefté & mes fuperieurs, auec le pouuoir de feruir à voftre Majefté & au public auffi fidellement & vtile-

ment comme ie le deſire. Car puis
qu'Aman a payé pour Mardochee, &
que le ſort de Ioſué a eu la force & le
pouuoir de faire chaſtier le deſloyal
Acham, ſelon ſes demerites, il me doibt
ſuffire.

Reſtant,

SIRE,

 Voſtre tres-humble, & tres-fidel
ſubject & Officier.

 IEAN DE CHIREMONT,
le Normant, Lieutenant Aſ-
ſeſſeur Criminel de voſtre
Palais à Paris.

www.ingramcontent.com/pod-product-compliance
Ingram Content Group UK Ltd.
Pitfield, Milton Keynes, MK11 3LW, UK
UKHW020956120726
13693UKWH00004B/1710